LILIANE STEINER

Du bist genau richtig, so wie du bist

FÜR EINEN BESONDEREN MENSCHEN WIE DICH

Hallo du,

ich wollte dir einfach mal sagen, dass du toll bist. Ich mag dich, so wie du bist. Mit allen Facetten, die dich zu dieser einzigartigen Person machen, die du bist. Denn manchmal bist du so, und manchmal ganz anders – aber immer genau richtig.

Manchmal bist du zuckersüß
wie ein zart schmelzendes Vanilleeis.

Und manchmal bist du sauer
wie eine unreife Mirabelle.

Es gibt Momente, da magst du es bunt
und deine Fantasie kennt keine Grenzen.

Manchmal bist du lustig
und für jeden Spaß zu haben.

Oft bist du ein Goldschatz
und einfach unbezahlbar.

An manchen Tagen bist du Teil eines Kunstwerks und ziehst alle Blicke auf dich.

Manchmal bist du schüchtern und
tauchst unauffällig in der Menge unter.

Manchmal möchtest du dich
am liebsten in Luft auflösen.

Es kommt auch vor, dass du
ein wenig durch den Wind bist.

Und dann steckst du wieder
voller Energie und Lebensfreude.

Manchmal gibst du den Ton an.

Ein andermal möchtest du
am liebsten im Boden versinken.

An manchen Tagen gehst du
wegen jeder Kleinigkeit in die Luft.

Und manchmal wärst du gerne
wie alle anderen.

Du bist auch mal voller Sehnsucht.

ein, dass du dich mal verirrst.
l, wo du gerade bist, ich werde
r dich da sein.

Denn du bist genau richtig, so wie du bist
mit all deinen Facetten. Du beflügelst mich.

Du bist kostbar und einzigartig.

Für mich bist du das Gelbe vom Ei.

Und das Tüpfchen auf dem

Du bist ein absoluter Volltreffer.
Zusammen sind wir unschlagbar.

Du bist die Sonne in meinem Leben.
Was für ein Glück, dass es dich gibt.

Liliane Steiner, geboren 1966, hat an der Schule für Gestaltung Basel Grafik und an der Hochschule für Gestaltung und Kunst Luzern Illustration studiert. Heute ist sie freischaffende Illustratorin und hat zahlreiche Bücher illustriert und manchmal auch die Texte dazu geschrieben. Sie wohnt mit ihrer Familie in Basel und unterrichtet dort an der Schule für Gestaltung Farbe und Illustration.

Besuchen Sie uns im Internet:
www.groh.de

MIX
Papier | Fördert gute Waldnutzung
FSC® C020056

Du bist genau richtig, so wie du bist

Maria-Luiko-Straße 54, 80636 München

Idee, Konzept und Illustrationen: Liliane Steiner
Cover und Layout: Barbara Fuchs

Gesamtherstellung: Leo Paper Products Ltd, Hongkong, China
ISBN 978-3-8485-0338-4

Kontaktadresse nach EU-Produktsicherheitsverordnung:
produktsicherheit@droemer-knaur.de

2 4 5 3 1